Monika Matschnig

LAMPEN-
FIEBER

SOFORTHILFE BEI NERVOSITÄT, BLACKOUT & CO.

Mit Illustrationen von Kai Pannen

KÖSEL

DIE AUTORIN

Monika Matschnig ist Diplom-Psychologin, Beraterin, Coach und Referentin. Die ehemalige Leistungssportlerin ist seit über fünfzehn Jahren mit ihrem Unternehmen *Wirkung. Immer. Überall* als führende Expertin für Körpersprache und Wirkungskompetenz international erfolgreich und wurde bereits vielfach ausgezeichnet. Als internationale Keynote-Speakerin veranstaltet sie rund 120 Vorträge und Seminare pro Jahr. Sie doziert an mehreren Universitäten und zählt nationale und internationale Unternehmen zu ihren Kunden. In ihren Seminaren sorgt sie dafür, dass jeder mit seinem Auftritt brilliert.
www.matschnig.com

DER ILLUSTRATOR

Kai Pannen studierte Malerei und Film in Köln. Seit 1990 arbeitet er als Illustrator und Trickfilmer. Ein Schwerpunkt seiner Tätigkeit ist die Buchillustration. Für den Kösel-Verlag zeichnete er u. a. die erfolgreichen Bücher mit dem Glücksschaf Oscar: *Kopf hoch!*, *Nur Mut!*, *Viel Glück!* und *Alles Liebe*. Kai Pannen lebt und arbeitet in Hamburg.
www.kaipannen.de

INHALT

EINLEITUNG

Das Lampenfieber lieben lernen	4
Körper und Seele in Einklang bringen	5
Die Angst vor dem Neuen	6
Warum ist Lampenfieber bei jedem anders?	7
Körper und Seele spielen verrückt	8
Natürliches Doping	10
Emotionen machen sich bemerkbar	12
Aus Gegnern werden Freunde	14

SOFORTHILFE-ÜBUNGEN FÜR DIE PSYCHE

Trick 1	Der Angst ins Auge schauen	15
Trick 2	Wellnesserinnerungen	16
Trick 3	Sich wappnen	17
Trick 4	Musik entspannt	18
Trick 5	Die Macht der Gedanken	20
Trick 6	Abhärtung hilft	21
Trick 7	Talisman	22
Trick 8	I Love Lampenfieber	23
Trick 9	Bye, bye Perfektion	24
Trick 10	Applaus im Kopf	25

SOFORTHILFE-ÜBUNGEN FÜR DEN KÖRPER

Trick 1	Tief durchatmen	26
Trick 2	Fake it till you make it	28
Trick 3	Übung macht den Meister	30
Trick 4	Mach dich locker	31
Trick 5	Lache dich glücklich	32
Trick 6	Schaukeln beruhigt	34
Trick 7	Überschüssige Energie muss raus	35
Trick 8	Abwarten und Tee trinken	36
Trick 9	Warm-up für die Stimme	38
Trick 10	Ein starker Start	40

(K)ein Problem, wo keines ist	41
Zum Weiterlesen	42

DAS LAMPENFIEBER LIEBEN LERNEN

Für Lampenfieber gibt es einfach keinen richtigen Moment. Oder doch? Es gibt nämlich ein paar einfache Möglichkeiten, mit denen du dieses ungeliebte Phänomen besser verstehen und es dir zunutze machen kannst. In diesem Buch möchte ich dir jeweils zehn schnelle und einfache Übungen vorstellen, um positiv auf Geist und Körper einzuwirken.

Ob du es glaubst oder nicht: Lampenfieber kann zu deinem besten Freund werden, wenn du es unter Kontrolle hast. Egal, wann auch immer dir die Nervosität in Zukunft begegnen sollte, kannst du bestimmte Tipps und Tricks sofort anwenden oder dich mit ihnen gezielt vorbereiten. Du wirst sehen, schon kommt die Entspannung wie von selbst.

Denn:

▶ Lampenfieber ist kein Grund zur Sorge.
▶ Durch gezielte Übungen kannst du es bewältigen.
▶ Nutze es, um zu wachsen (sowohl in der Körpergröße
▶ als auch beim Selbstbewusstsein).

KÖRPER UND SEELE IN EINKLANG BRINGEN

Wenn aus Gegnern Freunde werden sollen, bedeutet das ein hartes Stück Arbeit. Und da sich kleine und große Herausforderungen am besten mit souveräner Unterstützung meistern lassen, wird dich MO dabei begleiten. Auch sie hat mit diesen Tipps gelernt, ihre Angst abzulegen. Natürliches Doping lautet das Geheimnis. (Na, überrascht?) Angst vor Bewerbungsgesprächen, Prüfungen oder Vorträgen kennt MO nicht mehr. Auch du schaffst das locker!

> Das Wort Lampenfieber hat seinen Ursprung wohl in der Schauspielerei. Werden die Scheinwerfer (die Lampen) eingeschaltet, steigt die Nervosität. Das Fieber bezieht sich dabei auf die steigende Körpertemperatur, die die Aufregung zur Folge hat.

EINLEITUNG

DIE ANGST VOR DEM NEUEN

Kommt eine Situation auf einen zu, in der man auf die eine oder andere Weise im Rampenlicht stehen wird, kann schon der kleinste Gedanke daran körperliche Symptome auslösen, die weit über eine »normale« Reaktion hinausgehen. Und dann ist es da, das Lampenfieber. Was aber so unnormal scheint, ist ein steinzeitlicher Urinstinkt, der dem Überleben diente. Der steckt auch noch MO in den Knochen. Schon ihre Vorfahren mussten immer auf der Hut sein und vor dem Säbelzahntiger weglaufen. Heute ist das nicht mehr notwendig, aber der Instinkt ist immer noch da. Lampenfieber ist der Ausdruck eines Streits zwischen deinem Körper, der aus der Situation fliehen möchte, und deinem Gehirn, das das Weglaufen verbietet. Es spiegelt aber auch die Angst vor einer Blamage wider. Wie werden andere auf mich reagieren? Werde ich meine volle Leistung zeigen können? Diese Fragen sind quälend und entstehen meist dann, wenn du alleine für Erfolg oder Misslingen einer Sache geradestehen musst.

EINLEITUNG

WARUM IST LAMPENFIEBER BEI JEDEM ANDERS?

So wie jeder Mensch anders ist, so sehr können auch die Symptome des Lampenfiebers variieren. Wo manche blutrot anlaufen, sehen andere aus, als möchten sie Schneewittchen mit ihrer Blässe Konkurrenz machen. Einige verwandeln sich zum Zappelphilipp, andere erstarren zu einer Salzsäule. Es gibt Menschen, bei denen sprudeln die Wörter bei Lampenfieber ohne Punkt und Komma hervor wie bei einem Sportkommentator, andere haben das Gefühl, ihr Gehirn sei nur noch ein großlöchriger Emmentaler.

Du kannst es mit einem traurigen Film vergleichen: Alle fühlen sich berührt, doch nicht bei jedem kullern die Tränen über die Wangen.

Man unterscheidet im Wesentlichen zwischen Lampenfieber, der natürlichen Aufregung vor etwas Neuem, und der Auftrittsangst. Letztere macht Menschen nahezu handlungsunfähig, kann jedoch mit professioneller Hilfe behandelt werden.

EINLEITUNG

KÖRPER UND SEELE SPIELEN VERRÜCKT

MO kennt das Gefühl von Lampenfieber nur zu gut. Genau wie bei dir hat ihr Körper schon oft Alarm geschlagen, wenn sie sich in einer fremden und damit angsteinflößenden Lage wiedergefunden hat. Und genau wie du weiß sie genau, welche physischen Symptome ihr mehr als deutlich vor Augen führen, dass sie diese Situation eigentlich so schnell wie möglich verlassen möchte:

- Schneller Atem
- Steigender Blutdruck
- Nervöser Magen (der körperliche Ballast bahnt sich seinen Weg nach draußen)
- Kalte Hände
- Trockener Mund
- Unkontrollierte Körperbewegungen bzw. Starre

Und auch psychisch treibt Lampenfieber mit so manchem seinen Schabernack. Eine enorme Reizbarkeit und Gedanken, die entweder ausschließlich auf das Ereignis fokussiert sind oder sich im schlimmsten Fall nicht mehr ordnen lassen – das gefürchtete Blackout –, sind Anzeichen einer großen Aufgeregtheit.

Doch es gibt zwei gute Nachrichten:

1. Dein Gegenüber nimmt nur ein Achtel deiner körperlichen Reaktionen wahr.
2. Du kannst mit den folgenden Übungen dafür sorgen, dass du schon bei deiner nächsten herausfordernden Situation souveräner als je zuvor auftrittst.

> Bei Lampenfieber nimmt der Mensch ungefähr 1,4 Millionen Informationen pro Sekunde auf – und das nur mit den Augen. Daher sollten zu viele Sinneseindrücke vermieden werden, damit das Gehirn nicht zusätzlich belastet wird.
> Bei Ansprachen vor einem Publikum konzentrierst du dich also besser nur auf wenige Personen, statt dir alle Anwesenden nackt vorzustellen, was gerne geraten wird.

EINLEITUNG

NATÜRLICHES DOPING

Du bekommst Angst, eventuell mit allen negativen Begleiterscheinungen. Das passiert bei Lampenfieber schnell, denn so ziemlich jeder fürchtet sich vor dem Moment, wenn die Sinne außer Kontrolle geraten und jegliches angehäufte Wissen in die Katakomben des Vergessens verschwindet. Doch Lampenfieber ist auch noch in einer anderen Disziplin meisterhaft: Es wirkt wie ein natürliches Doping, das dich aufputscht und auf alle Hürden vorbereitet. Dafür sind die Stresshormone Adrenalin und Noradrenalin verantwortlich. Sie werden in der Nebennierenrinde – drei Zentimeter lang und bis zu 15 Gramm schwer – produziert und stellen dem Körper so viel Energie zur Verfügung, dass er zu Unvorstellbarem in der Lage ist. Ein Wunder der Natur!

> Nur der abrupten Leistungssteigerung durch Lampenfieber ist es zu verdanken, dass du auch blitzschnell auf Gefahrensituationen reagieren kannst. Stresshormone sind also wahre Lebensretter.

Die hohe Anspannung führt oft zu Leistungen, die man sich im Traum nicht erhofft hat. Denn Adrenalin macht wach wie ein doppelter Espresso, es führt zu gesteigerter Konzentration, der Fokus richtet sich automatisch auf das Ziel. Damit sind wir in der Lage, Leistungen wie ein Spitzensportler zu erzielen. Und das ist ja wohl ohne Zweifel etwas Positives.

JA: LAMPENFIEBER IST VERURSACHER UND LÖSUNG ZUGLEICH. DAS MUSST DU DIR BEWUSST MACHEN, DAMIT DIE FOLGENDEN ÜBUNGEN AUCH ETWAS BRINGEN.

EMOTIONEN MACHEN SICH BEMERKBAR

Da du gerade dieses Buch in deinen Händen hältst, gehörst du wahrscheinlich zu den Menschen, die von sich behaupten, ein besonderer Lampenfieber-Härtefall zu sein, dem man jede kleine Aufgeregtheit sofort ansieht.

Aber es ist doch so: Zum Leben gehören Herzklopfen, Tränen und auch Angstschweiß schlicht und ergreifend dazu. Diese körperlichen Reaktionen zeigen, was uns bewegt, was in unserem Gehirn bei Freud und Leid vonstatten geht – und zwar bei jedem. Das Problem an der Sache: Nicht bei allen sind diese Gefühle äußerlich gleichermaßen zu erkennen. Die Wahrheit ist aber, dass Lampenfieber das Normalste auf der Welt ist! Da staunst du, was? Auch MO konnte kaum glauben, dass die starke Nervosität vor neuen Situationen kein Phänomen ist, das nur in ihrem Körper sein Unwesen treibt, bis sie eines Tages feststellte, dass auch ihre Freunde manchmal vor Lampenfieber glühten. Dein neuer Kollege, der so selbstbewusst seine Präsentation vorstellt, hat nur gelernt, die durch sein Lampenfieber freigesetzte Energie positiv zu nutzen. Das kannst du nach den folgenden Übungen auch.

Lampenfieber ist eine gesunde Reaktion des Körpers, die einfach da ist. Wie ein Energy-Drink versetzt sie deinen Organismus in Aufruhr und damit in erhöhte Leistungsbereitschaft. Und dieser Zustand ist gewissermaßen wie ein Sechser im Lotto: Mehr Power ohne zusätzliche Bemühungen wünscht sich doch jeder!

Lampenfieber ist die beste Motivationsspritze, die es gibt. Es ist der Motor dafür, dass wir uns im Vorfeld intensiv vorbereiten, damit wir am großen Tag hervorragende Leistungen erzielen.

AUS GEGNERN WERDEN FREUNDE

Lampenfieber ist also Angstmacher und Erfolgsbringer in derselben Gestalt. Mit ihm stehst du neuen und damit ungewohnten Situationen oft skeptischer gegenüber als nötig, doch das Adrenalin macht dich aktiv und steigert deine Aufmerksamkeit. Die Voraussetzung für einen perfekten Auftritt (ohne zittrige Hände) ist also da, jetzt musst du sie nur noch nutzen.
Die folgenden Übungen können dir dabei helfen.

Los geht es mit Mos Lieblings-Psycho-Tricks, die du vor dem entscheidenden Tag immer wieder anwenden solltest – oder kurz davor, wenn du vor Anspannung kaum noch klar denken kannst. Die Übungen für den Körper folgen danach.

TRICK 1
DER ANGST INS AUGE SCHAUEN

Es ist der wohl älteste Tipp der Angstbewältigungsgeschichte, doch er funktioniert wirklich: Statt dich vor der Realität zu scheuen, solltest du deiner Angst selbstbewusst gegenüberstehen und dir das Szenario, das dich nervös werden lässt, deutlich vor Augen führen.

LAMPENFIEBER BEGINNT IM KOPF – UND GENAU DORT KANN ES AUCH BESIEGT WERDEN.

UND SO FUNKTIONIERT ES:
Durch Lampenfieber verursachte Blackouts sind abwendbar, wenn du dir schon einmal ganz genau überlegst, wie beispielsweise ein geschäftlicher Termin ablaufen könnte. Welche Fragen werden gestellt? Mit welchen Argumenten kannst du überzeugen? Dementsprechend kannst du dir schon viele Antworten zurechtlegen. Je detaillierter deine Vorstellung ist, umso besser bist du für alle Eventualitäten gewappnet. Die Sicherheit, durch (fast) nichts aus der Ruhe gebracht werden zu können, wird das Lampenfieber schnell verdrängen.

SOFORTHILFE-ÜBUNGEN FÜR DIE PSYCHE

TRICK 2
WELLNESSERINNERUNGEN

Diesen Tipp beherzigt MO besonders gerne und auch du kannst dich bestimmt dafür begeistern: Schöne Erinnerungen sind in fast allen Lebenssituationen ein probates Mittel, um abzuschalten und Sorgen vergessen zu können.

Das Gehirn nimmt täglich tausende von Informationen auf, doch nicht alle von ihnen werden auch gespeichert. Welche Wahrnehmungen verankert bleiben, hängt unter anderem von den Emotionen ab, die du während des Erlebnisses hattest. Warst du besonders glücklich, kannst du sie über einen langen Zeitraum abrufen. Lege dir in deinem Gedächtnis deine drei Top-Erinnerungen zurecht, bei denen du besonders glücklich warst.

Und mit einem Schnipp rufst du sie bei Bedarf wieder ab – pure Wellness für die Psyche.

> Da das Gehirn immer wieder neue Informationen verarbeitet, können sich Erinnerungen verändern. Daher ist es sinnvoll, so oft wie möglich an schöne Stunden zurückzudenken, um diese vor dem inneren Auge abspielen zu können, wenn es nötig ist.

TRICK 3
SICH WAPPNEN

Lampenfieber sorgt im Körper zwar für einen Energieschub par excellence, doch bei vielen führt es auch zu der Angst, im entscheidenden Moment zu versagen. Das einfachste Mittel dagegen: eine gute Vorbereitung. Rufst du die Informationen, die du während deines Lampenfieber-Momentes benötigst, schon vorher immer wieder ins Gedächtnis, festigen sich deine Kenntnisse und du kannst im entscheidenden Augenblick darauf zurückgreifen.

Umso öfter wir uns vorbereiten, desto effektiver. Also nutze »sinnlose« Zeiten zur Wiederholung: vor dem Schlafengehen, während der Fahrt zur Arbeit, in der Warteschlange usw.

TIPP: MO kombiniert diese Übung immer mit Psycho-Trick 1, »Der Angst ins Auge schauen«. Mit dieser Killer-Kombi kann dich nichts mehr aus der Bahn werfen.

SOFORTHILFE-ÜBUNGEN FÜR DIE PSYCHE

TRICK 4
MUSIK ENTSPANNT

Melodischen Klängen wird schon lange eine ganz besondere Wirkung nachgesagt. Was dabei als besonders angenehm empfunden wird, liegt natürlich im Auge bzw. Ohr des Betrachters. MO liebt beispielsweise Jazz. Dabei kann sie wunderbar entspannen. Genau das Richtige bei drohendem Lampenfieber.

UND SO FUNKTIONIERT ES:
Der Klang von Instrumenten und Stimmen löst im Mittelohr Vibrationen aus. Die dadurch entstehenden Impulse werden zur Großhirnrinde geleitet, wo sie unter anderem das Denken und Fühlen positiv beeinflussen. Von dort geht die Reise der Impulse noch weiter zu Teilen des Gehirns, die beispielsweise Angst und Erregung kontrollieren. Außerdem können sie den Rhythmus der Atmung sowie den Herzschlag verlangsamen bzw. beruhigen. Also: Lieblingssong raussuchen, abspielen und schon war es das mit dem Übeltäter namens Lampenfieber.

Wichtig bei der Musikwahl ist, dass sie dem persönlichen Geschmack entspricht, denn damit steigt auch die Laune. Die Freunde des Heavy Metal werden dadurch gepusht, aber vor allem sanfte Klänge haben eine beruhigende Wirkung und werden seit einigen Jahren unterstützend zu Medikamenten beim Heilungsprozess von Krankheiten eingesetzt. Besonders erfolgsversprechend: die Kompositionen von Mozart.

SOFORTHILFE-ÜBUNGEN FÜR DIE PSYCHE

TRICK 5
DIE MACHT DER GEDANKEN

Wer denkt schon gerne an etwas, das einem die Stimmung verdirbt? Niemand? Dann solltest du damit auch nicht beginnen, wenn du Lampenfieber hast. »Das klingt leichter gesagt als getan«, magst du jetzt vielleicht denken, doch deinen Optimismus stärkst du ganz einfach, indem du dir bewusst machst, wie gut du vorbereitet bist. Glaube an dich und rechne nicht schon damit, dass bei deinem Auftritt etwas gehörig schiefgehen könnte. Schreibe dir deine persönlichen drei bis fünf Mut-Macher-Sätze auf, z. B.

- ▶ »Ich schaffe es!«,
- ▶ »Ich gebe mein Bestes!«,
- ▶ »Ich mache es gut!«,
- ▶ »Ich kann es!«

und halte sie für den Notfall bereit, um sie dir dann noch einmal bewusst durchzulesen. Denn: Gedanken werden zu Taten!

TRICK 6
ABHÄRTUNG HILFT

Wiederholen, wiederholen und noch ein weiteres Mal ... Auch beim Abtrainieren von Lampenfieber macht Übung den Meister, denn je öfter du ein ähnliches Szenario erlebst, umso sicherer wirst du auch in deinem Verhalten darin. MO hat zum Beispiel gelernt, geschmeidig jedes Hindernis zu überwinden. Begib dich bewusst und so oft es geht in Lampenfieber-Momente. So schlimm das jetzt klingen mag – es wird sich lohnen. Für etwas mehr Mut hilft dir Psycho-Trick 7.

SOFORTHILFE-ÜBUNGEN FÜR DIE PSYCHE

TRICK 7
TALISMAN

Wenn du noch keinen hast, solltest du dir unbedingt einen persönlichen Glücksbringer zulegen. Worauf deine Wahl fällt, ist ganz dir überlassen. Viele entscheiden sich für einen Gegenstand, den sie geschenkt bekommen haben, da sie den Talisman mit einem bestimmten Menschen verbinden, der sie seelisch unterstützt. Die Hauptsache ist, dein Talisman schenkt dir mentale Sicherheit. So ein kleiner Glücksspender wirkt nämlich nur, wenn du auch daran glaubst. MO hat ihren immer dabei.

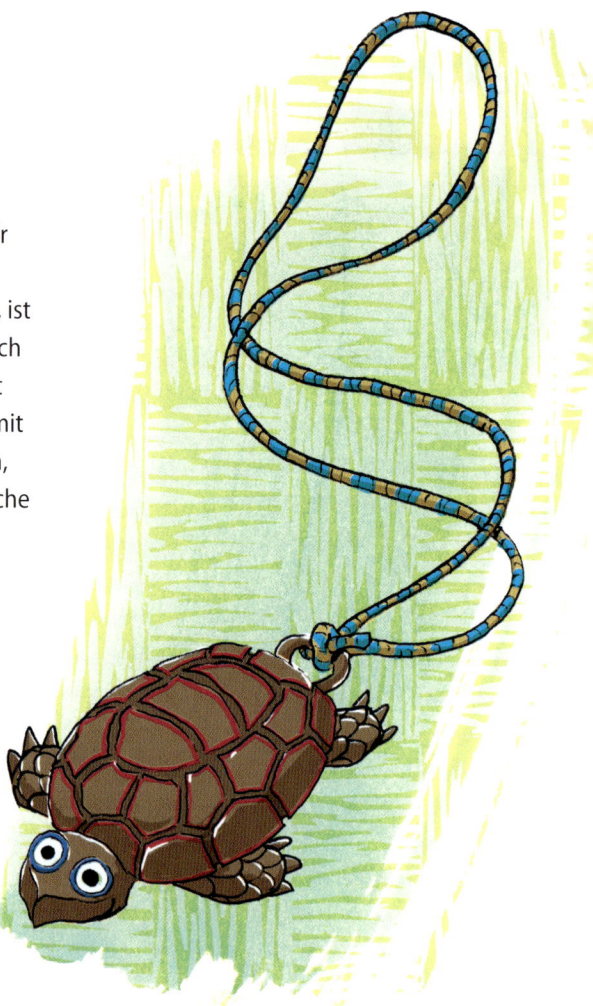

TRICK 8
I LOVE LAMPENFIEBER

Lampenfieber hat einen schlechten Ruf. Auch MO hat sich immer schon davor gefürchtet, bevor es überhaupt da war. Doch genau das ist das Problem. Ändere deinen Blickwinkel und sieh deine Angst als etwas Gutes an. Mit einer gewissen Dosis Lampenfieber bist du wacher, leistungsfähiger und motivierter, dich intensiv mit einer Thematik zu beschäftigen. Der innere Schweinehund wird so besiegt, ohne dass du dich dafür anstrengen musst. MO trägt schon den »I-Love-Lampenfieber«-Button.

TRICK 9
BYE, BYE PERFEKTION

Der Wunsch, immer alles perfekt machen zu wollen, ist in der DNA vieler Menschen verankert, doch dieser Druck passt nicht zu deinem Plan, das Lampenfieber für dich nutzbar zu machen. Zu hohe Ansprüche an dich selbst lassen dich unsicher werden und wirken sich negativ auf deine Stimmung aus. Je höher deine Erwartungen an deinen Auftritt sind, umso eher wird sich das Lampenfieber in Form einer zittrigen Stimme oder eines unruhigen Magens bei dir melden, denn die Fallhöhe wird immer größer. Fehler sind menschlich (bzw. tierisch, wie MO dir bestätigen kann) und manchmal ganz nützlich, um das Eis zu brechen. Merke: Perfektion schafft Aggression! Also, es darf »menscheln« und dafür sind kleine Schwächen bzw. Fehler vorteilhaft, denn sie machen sympathisch.

SOFORTHILFE-ÜBUNGEN FÜR DIE PSYCHE

TRICK 10
APPLAUS IM KOPF

Hörst du schon die Jubelrufe, die dir nach deinem Auftritt entgegenschallen? MO kann sich daran gar nicht satt hören – auch wenn der Applaus nur in ihrem Kopf stattfindet. Diesen letzten Trick kannst du mit Psycho-Trick 1, »Der Angst ins Auge schauen«, und Trick 5, »Die Macht der Gedanken«, ergänzen. Wenn du das Szenario vor deinem inneren Auge abspielst, dabei positiv denkst und dir dann noch vorstellst, dass deine Bemühungen mit einem anerkennenden Beifall belohnt werden, gehst du gestärkt daraus hervor. Applaus ist ein Zeichen der Anerkennung und sorgt für ein positiveres Selbstbild. Nutze deine Fantasie und spiele verschiedene erfolgreiche Szenarien vor deinem inneren Auge ab. Vielleicht zeichnet sich dann sogar ein Lächeln in deinem Gesicht ab. Das bewirkt ebenfalls wahre Wunder, wie du in einer der folgenden Übungen für den Körper erfahren wirst. Ein Versuch ist es doch wert, oder?

TRICK 1
TIEF DURCHATMEN

Vielleicht wurde dir in aufregenden Situationen schon hin und wieder der Rat gegeben, einfach mal tief ein- und wieder auszuatmen. Ein simpler, aber äußerst wertvoller Tipp, denn manche Menschen – und auch Mo – hören bei Stress quasi auf, Luft in ihre Lungen zu saugen. Lampenfieber führt bekanntermaßen zu Aufregung im Körper, sodass bewusste Atemübungen für Entspannung sorgen können.

UND SO FUNKTIONIERT ES:
Lege deine Hände auf deinen Bauch, um deine Atmung intensiver wahrzunehmen. Nun langsam durch die Nase tief einatmen und kurz innehalten. Nach wenigen Sekunden durch den Mund ausatmen.

- ▶ Diese Übung kannst du so oft wiederholen wie du möchtest.
- ▶ Eine bewusste Atmung senkt deinen Puls und stärkt deine Konzentration.

EINE WEITERE ÜBUNG:

Spanne deine Muskeln beim Einatmen an, halte die Luft an, während du bis zwei zählst, und atme wieder aus. Dabei lockerst du die Muskeln wieder. Durch die An- und Entspannung wird der Blutfluss in deinem Körper gefördert, was zu einer besseren Sauerstoffversorgung führt.

SOFORTHILFE-ÜBUNGEN FÜR DEN KÖRPER

TRICK 2
FAKE IT TILL YOU MAKE IT

Ja, Manipulation ist alles, wenn du dem Lampenfieber einen Strich durch die Rechnung machen möchtest. Und das nicht nur psychisch, wie bei dem Psycho-Trick 5 »Die Macht der Gedanken«, sondern eben auch körperlich. Deine Körperhaltung spielt eine ganz entscheidende Rolle auf dem Weg zu mehr Mut, Selbstbewusstsein und Entschlossenheit.

UND SO FUNKTIONIERT ES:
Schon als Kind wurde MO beigebracht, den Rücken sowie den Hals zu strecken und die Schultern locker zu lassen – heute beherrscht sie diese Körperhaltung in Perfektion!

Befindest du dich in einer bedrohlichen Situation, verspannt sich deine Muskulatur und du machst dich klein, in der Hoffnung, nicht gesehen zu werden. Natürlich nehmen das auch deine Mitmenschen wahr. Betrittst du aber aufrecht die Bühne und bewegst deine Arme locker am Körper, signalisierst du Souveränität und glaubst automatisch auch selbst mehr an dich. Übe es ruhig vor dem Spiegel. Du wirst von dem Effekt überrascht sein.

SOFORTHILFE-ÜBUNGEN FÜR DEN KÖRPER

▶ Mit einer aufrechten Haltung – fester, beckenbreiter Stand, angehobenes Brustbein, Schulter in die »Hosentasche« ziehen und einer geraden Kopfhaltung – wächst du nicht nur körperlich, sondern auch mental. In dieser königlichen Haltung fühlst du dich innerhalb kürzester Zeit stärker und zugleich entspannter.

SOFORTHILFE-ÜBUNGEN FÜR DEN KÖRPER

TRICK 3
ÜBUNG MACHT DEN MEISTER

Dass fortwährendes Üben hilft, hast du schon einmal bei den Psycho-Tricks gelesen. Manchmal sind die simpelsten Dinge eben in mehrerer Hinsicht auch die effektivsten. Wobei MO zugeben muss, dass es keineswegs simpel ist, sich immer wieder Situationen auszusetzen, vor denen sie sich fürchtet.

Aber: Etwas zu denken und es dann auch zu tun sind zwei Paar Schuhe. Deshalb ist das Üben essentiell. Du solltest vielleicht erst einmal klein anfangen und Testauftritte vor deiner Familie oder guten Freunden veranstalten. Ein ehrliches Feedback ist dir damit gesichert und du merkst, an welchen Stellen du noch unsicher bist. So eine Probe kann dir die Scheu vor dem Tag X nehmen. Gepaart mit Psycho-Trick 1, »Der Angst ins Auge schauen«, stehen dann alle Zeichen auf Erfolg.

TRICK 4
MACH DICH LOCKER

Bei Angst verspannen sich deine Muskeln und damit auch deine Gedanken. Es ist also Zeit für eine kleine Gymnastikeinheit. Mo hat sich schon ein bequemes Outfit ausgesucht und auch die passende Übung parat.

UND SO FUNKTIONIERT ES:
Hiermit schlägst du gleich mehrere Fliegen mit einer Klappe. Solltest du unter Verspannungen leiden, kannst du sie mit dieser Übung innerhalb weniger Minuten täglich lösen und dich wieder unbeschwert bewegen. Zum anderen machen Lockerungsübungen nicht nur bei Lampenfieber den Kopf frei. Denk immer daran: Ein entspannter Körper verhilft zu einem entspannten Geist.

Kreise mit deinen Schultern langsam nach hinten, bis sich deine Schulterblätter nicht weiter annähern können. Merkst du den Druck? Gut! Lege deinen Kopf dabei nach vorne, sodass dein Nacken entspannt ist. Nun wieder nach vorne kreisen und die Bewegung mindestens zehn Mal wiederholen. Kurz vor einem wichtigen Auftritt kannst du dich damit so richtig schön locker machen. Übrigens sind auch Yoga und Pilates gute Anti-Lampenfieber-Vorbeuger.

SOFORTHILFE-ÜBUNGEN FÜR DEN KÖRPER

TRICK 5
LACHE DICH GLÜCKLICH

Ist das Lampenfieber bereits da, dann versuche es mal mit einem Lächeln! Dabei wird Serotonin, das Glückshormon, ausgeschüttet. Außerdem: Mit einem freundlichen Gesichtsausdruck hast du sowieso schon alle auf deiner Seite.

LAMPENFIEBER ADE
- Lachen bremst das bei Lampenfieber ausgeschüttete Adrenalin.
- Auch das Immunsystem wird durch Lachen gestärkt – so bleibst du körperlich und geistig top-fit.

UND SO FUNKTIONIERT ES:
Bei großem Lampenfieber ist dir wahrscheinlich nicht nach einem herzhaften Lachen zumute. »Macht nichts«, denkt sich MO und klemmt sich kurzerhand einen Bleistift quer zwischen die Zähne. Die Lippen dürfen den Stift dabei nicht berühren. Eine Minute in dieser Position reicht schon aus, um dem Gehirn einen Streich zu spielen.

> »Embodiment« nennt sich die Erkenntnis der Kognitionswissenschaft, dass sich im Körper nicht nur Emotionen ausdrücken, sondern Mimik und Gestik auch umgekehrt die persönlichen Gefühle beeinflussen können.

DURCH DAS FESTHALTEN DES STIFTES MIT DEN ZÄHNEN SCHIEBEN SICH DIE MUNDWINKEL NACH OBEN – GENAU WIE BEI EINEM ECHTEN LÄCHELN. DIE GUTE LAUNE KOMMT DAMIT SO GUT WIE AUF KOMMANDO.

SOFORTHILFE-ÜBUNGEN FÜR DEN KÖRPER

TRICK 6
SCHAUKELN BERUHIGT

Hast du als Kind auch so gerne geschaukelt wie Mo? Kein Wunder, denn das Gefühl der Schwerelosigkeit macht dich und deine Gedanken leicht und du fühlst dich unbeschwert. Also, auf zum Spielplatz! Auf einer Schaukel kannst du wunderbar entspannen und den Alltag vergessen. Das ist genau das Richtige, um Lampenfieber zu bekämpfen. Keine Schaukel in der Nähe? Macht nichts! Wiege deinen gesamten Körper einfach vor und zurück, immer wieder. Resultat: Die Atmung verlangsamt sich, das Herz schlägt ruhiger, der Blutdruck sinkt. Wie bei einem Baby, das in unruhigen Phasen in den Schlaf gewiegt wird.

TRICK 7
ÜBERSCHÜSSIGE ENERGIE MUSS RAUS

Einmal auspowern bitte! Nachdem MO den Körper-Trick 4, »Mach dich locker«, schon ausprobiert und ihre Muskeln gelockert hat, kann sie ihre Sportsachen gleich anbehalten, denn jetzt solltet ihr gemeinsam ins Schwitzen geraten. Sport ist nämlich ein beliebtes Mittel gegen Stress und damit auch eine gute Vorbeugung gegen Lampenfieber.

UND SO FUNKTIONIERT ES:
Wenn du vor lauter Lampenfieber nicht ruhig sitzen kannst und nicht weißt, wohin mit deiner Energie, dann ist das völlig normal. Da eine potenzielle Fluchtsituation droht, wird Adrenalin ausgeschüttet, was die Muskulatur in Leistungsbereitschaft versetzt. Lediglich durch Entlastung, also wenn die Situation überstanden ist, oder durch Bewegung kann dieses Hormon wieder abgebaut werden. Schon ein zehnminütiger Spaziergang im schnellen Schritt hilft dir, gelassener in eine Situation zu starten. Joggen, Radfahren, Tennis oder auch Schwimmen sind mögliche Sportarten, die dir im Vorfeld dabei helfen können, dein Lampenfieber zu minimieren.
PS: So ist auch das eine oder andere Stück Stressschokolade gar kein Problem mehr.

SOFORTHILFE-ÜBUNGEN FÜR DEN KÖRPER

TRICK 8
ABWARTEN UND TEE TRINKEN

Weißt du eigentlich, wie viel Wahrheit in diesem Sprichwort steckt? Trinken hilft nämlich nicht nur, um sich die Wartezeit zu vertreiben, sondern kann auch die Symptome des Lampenfiebers verringern.

UND SO FUNKTIONIERT ES:
Pro 35 Kilogramm Körpergewicht solltest du täglich einen Liter Wasser oder ungesüßten Tee zu dir nehmen. Wenn du Lampenfieber hast, sogar noch etwas mehr, da die Ausschüttung der Stresshormone dazu führt, dass sich alle Körperflüssigkeiten in den Gliedmaßen sammeln und wir mehr Schweiß absondern. Daher kann es passieren, dass dann das Gehirn unterversorgt ist. Um jedoch aktiv zu bleiben, benötigt es Treibstoff. MO hat entdeckt, dass sich kohlensäurefreie Getränke vor und während ihrer großen Stunde am besten dafür eignen. Sprudel würde den Magen unnötig belasten und Kaffee sorgt für zusätzliches Herzrasen.

- Vor allem lauwarmes Wasser eignet sich gut bei Lampenfieber, da es den Magen beruhigt.
- Zusätzlich bleibt bei ausreichender Flüssigkeitszufuhr deine Stimme schön geschmeidig.

TRICK 9
WARM-UP FÜR DIE STIMME

Du bist perfekt vorbereitet, hast deine Muskeln gelockert und versuchst, dich selbst nicht zu sehr unter Druck zu setzen – und dann das: Beim ersten Wort beginnt deine Stimme zu zittern. Natürlich lässt dieser Umstand dein Lampenfieber erst recht in die Höhe schnellen wie einen Flummi, der mit viel Kraft auf den Boden geworfen wurde. In diesem Moment hilft es, zweimal kurz zu husten, einen Schluck Wasser zu trinken oder einfach innerlich »mmmmmhhh« zu summen. Um solche Situationen aber möglichst schon im Vorfeld zu vermeiden, empfiehlt es sich, immer wieder einmal, und vor allem kurz vor deinem Auftritt, Stimmübungen zu machen.

UND SO FUNKTIONIERT ES:
Über 100 Muskeln sind am Sprechvorgang beteiligt und obwohl die meisten Menschen ihre Stimme nutzen, ohne bewusst darüber nachzudenken, sollten alle am Sprechen beteiligten Körperteile aufgewärmt werden. Das beugt einem Zittern vor und lässt die Stimme zudem kräftiger erscheinen. Zwei Übungen sollen dir dabei helfen:

SOFORTHILFE-ÜBUNGEN FÜR DEN KÖRPER

1. Summe möglichst lange ein »mhhh« und ahme dabei eine Kaubewegung nach. (Mo stellt sich stets vor, dass sie ihr Lieblingsessen vor sich hat und es so richtig genießen kann). Das lockert deine Kiefermuskulatur.
2. Um die Stimmbänder auf lange Redeparts vorzubereiten, kannst du eine beliebige Melodie summen oder brummen. Machst du das täglich nach dem Aufstehen, wird sich deine Stimme auch langfristig festigen.

> Für eine angenehme und starke Stimme ist eine gute Körperhaltung sowie die richtige Atmung wichtig. Deine Wirbelsäule sollte durchgestreckt und deine Schultern locker sein. So öffnen sich Resonanzräume, die entscheidend zur Tonbildung beitragen. Atme tief aus dem Bauch heraus, lege dazu ruhig deine Hand auf deinen Bauch und fühle, wie sich der Bauch bei jedem Atemzug hebt und senkt.

SOFORTHILFE-ÜBUNGEN FÜR DEN KÖRPER

TRICK 10
EIN STARKER START

Ein guter Auftritt steht und fällt mit den ersten Minuten, doch genau in dieser Zeit ist das Lampenfieber meist am stärksten. Ein gelungener Einstieg in die Situation überbrückt die Nervosität und überzeugt das Publikum schon in den ersten Sekunden – sowohl mit deinem Wissen als auch mit deiner Ausstrahlung. Diese kannst du bereits in deiner Wohlfühlzone, deinem Zuhause, proben.
Der größte Garant für noch mehr Sicherheit.

SOFORTHILFE-ÜBUNGEN FÜR DEN KÖRPER

(K)EIN PROBLEM, WO KEINES IST

Was aus all diesen Tipps, Tricks und Übungen hervorgeht, ist die Erkenntnis, dass Lampenfieber gar nicht so ein großer Störfaktor ist. Fast jeder zweite Deutsche hat Angst davor, in der Öffentlichkeit zu sprechen, doch mit einfachen Mitteln und etwas Übung kann die Scheu kontrolliert und das Lampenfieber sogar genutzt werden. Steigere deine Motivation und sieh jeden Menschen, vor dem du bald stehen wirst, als deinen Gesprächspartner und nicht als deinen Gegner an. Du weißt jetzt, wie du mit Lampenfieber umgehen musst, um einen sympathischen und zudem gelungenen Auftritt hinzulegen.

ZUM WEITERLESEN

Falls Sie mehr von Monika Matschnig lesen wollen:

- *Körpersprache: Gestik, Mimik & Haltung: Sicher auftreten, Menschen gewinnen*, München 2016
- *Die Macht der Wirkung: Selbstinszenierung verstehen und damit umgehen*, München 2016
- *30 Minuten. Körpersprache verstehen*, Offenbach 2012

Der Verlag weist ausdrücklich darauf hin, dass im Text enthaltene externe Links vom Verlag nur bis zum Zeitpunkt der Buchveröffentlichung eingesehen werden konnten. Auf spätere Veränderungen hat der Verlag keinerlei Einfluss. Eine Haftung des Verlags ist daher ausgeschlossen.

Verlagsgruppe Random House FSC® N001967

Copyright © 2017 Kösel-Verlag, München,
in der Verlagsgruppe Random House GmbH,
Neumarkter Straße 28, 81673 München
Umschlag: Weiss Werkstatt, München
Umschlagmotiv: Kai Pannen, Hamburg,
www.illustrationsbuero.de
Satz: Nadine Clemens, München
Druck und Bindung: Mohn Media GmbH, Gütersloh
Printed in Germany
ISBN 978-3-466-34658-5
www.koesel.de

Dieses Buch ist auch als E-Book erhältlich.